영원한
빛과 소리

영원한
빛과 소리

박선숙 시집

시인의 말

늘 내 마음은 나의 안과 밖에서 서성입니다.
어딘가를 향하고 무엇인가에 귀 기울입니다.

아름다움과 신비로 가득한 우주는 가난한 가슴에 섭리와 사랑을 풍요롭게 담아줍니다.
비루한 삶에 무언으로 전해오는 위로라 여깁니다.

바람이 바람을 일으켜 함께 가는 시간은 어떤 여정의 시작이 되기도 합니다. 하늘가에 그림을 그리는 하얀 구름 그 아래 끝없이 흐르는 냇물 곁에서 평화로이 서성입니다.
때로 새들 지저귐에 귀를 열고 꽃잎을 바라봅니다.

우주 그 너머의 이야기와 여기 곁에 있는 꿈 짓고 싶은 희원을 안고 살아갑니다. 멀리 빛을 내며 다가오는 꿈같은 별 하나 기다려봅니다.

첫 시집을 낸 후 모아진 시들을 엮었습니다.

저를 닮은 그들이 한 집에 머물러 있기를 희원합니다.

돌아보니 아침이면 노트북을 켜고 마음을 그린 지난 시간들이 행복이라 여겨집니다.

저의 시에 해설을 해주신 한양대학교 인문대학장 유성호 교수님께 진심으로 감사드립니다.

시집에 빛을 담아주셨습니다.

출간이 순항하도록 도움을 주신 《수필과비평》 관계자분들께도 감사합니다.

2024년

꽃 피는 봄

박선숙

차례

2부

—

소라의 노래

3부

—

잠자리의 꿈

4부

—

새벽 별

5부

—

마음 사이

1부

詩와 꽃

붓꽃

연초록 화선지 위에
무엇을 그려야하나

봄 기다리며 쟁여놓은
하 많은 이야기

바람 일 때마다
흔들리는 보라 붓
추사체일까

들과 숲에 새겨놓은
그리움 담긴 춘春 이야기 따라
바람과 함께 걷는다

봄날

나뭇잎에 모인
따스한 햇살이
윤슬처럼 빛납니다

봄역에 펼쳐진 꽃등으로
세상이 환합니다

나비의 가벼운 날갯짓
나뭇가지를 건너며 읊조리는
새들 합창이 즐겁습니다

그대에게 가는
마음을
펼쳐놓았습니다

햇귀 같은 빛처럼
냇물 닮은 노래처럼

꽃 지기 전
꽃신을 신고 싶습니다

詩와 꽃

어둠 속에 싹을 틔어
대를 올리고
한 송이 피우기까지

봄 여름 가을 겨울 다 지나도록
비 바람 눈보라 맞이하고 보내며
오직 한 마음 지키려는 고심苦心

한 생각 틔우려
들판을 홀로 가로지르고

마음속에 품은 바람 같이
보라 닮은 신비 꽃 피우려
가슴속을 그렸다 지웠다

빛 닮은 희원 피울 수 있을까
먼 별빛에 기도하는 이

우주 안 꽃 피듯
마음속 글꽃 그려지는 날
기다리고 기다리며 사노라네

마음 지도 안
슬픔도道 행복도道 따라가며

창 밖

창문 밖에
꽃 사이 오가는
멈추지 않는 벌 비행

새는 나뭇가지에 앉아
고운 소리 보낸다

꽃과 벌
새와 나무
그 사이 저 사이에
내 마음도 심어본다

가슴에 그린
그림 한 점 이고
그대에게 가는
고요한 시간

꽃신

자전거 뒤에
고운 신 달고
달려오시던 아버지

그 먼 길
마다않는 마음 하나

당신의 이름은
사랑입니다

꽃신은
온 생生
화로火爐가 되어줍니다

동백

오직 한 사랑이 다인 듯
온 마음으로
붉게 피우는 한 생

세월 지나도
흐트러지지 않은 채
깊은 속에 간절한 혼 빛

잎 안에 고이는 그리움 모아
이슬 같은 꽃술에 달아

긴 기다림 고이 품고
그대를 향합니다

보랏빛 향

숲 속 저만치
기다랗게 들려오는 내음
이어지고 이어지는 길

포도 닮은 꽃송이마다
보랏빛 머금은 채
걸음하게 하는 조용한 향

저녁 어스름 밀려와
석양빛에 더 빛나는 자태

황홀한 보라

눈부시다

연꽃

널따란 초록 잎 사이
기다란 대 위로
빼어난 꽃망울 하나 얹었다

고고한 자태에 고요해져
저절로 합장한다

차마 다 표현할 수 없는 생生
세상에 고요를 펼치누나

저 아래 깊숙이
화인火印된 슬픔은
보여주지 않는다

꽈리

어린 시절
엄마의 화단에는
하얀 꽈리 꽃이 피었다

시절 내내
고요해서
보이지 않았다

가을날 뿜어내는
주황색 언어

그 안에
고이 들어있는
맑은 마음 하나

바다 속 산호 같은
또 하나의 세계가
동그랗게 머무르고 있다

조그만 너

들판을 거닐다
다가오는 꽃이 있어
걸음한다

언젠가 그때도 이끌리어
가까이 다가가
오래 보았다

다시
내 마음에
들어앉힌다

조그만 너에게
귀 기울이는 시간

사라지는
세상의 소음

선인장

뜨거운 사막에
가시 세워 피우는 꽃

긴 기다림 끝에 찾아오는
빗방울 모두 안으로 잿이며

온 힘 다해
피어 올리는 간절함

모래 가슴마다 피어주는
한 가닥 희망일까

오래 머물고 싶은
사구沙丘의 빛

낮에는 모래밭 시름 덜어주고
밤이면 길 잃은 별 위해
꽃등으로 머무는 꽃

꽃잎

저 머언 데서
다가와
한 세계를 연다

머무는 곳마다
빛으로 봄을 펼치고 있다

달과 별이 지나가는 길
그저 조그만 꽃잎 열어

너와 나의 안쪽을
밝히러 왔을지도

그 안에 담고 온
한계를 지울 수 없는 신비에
마냥 물들고 싶다

화병

책상 위에 고요히

다시 피워내는
꽃이 된 이야기 들려온다

설렘 안고
바라보는 시간

예전부터 전해오는
빛과 향기 가슴에 번진다

꽃을 품는 화병을
건네주는 사람처럼

마음 항아리엔 언제나
맑은 빛깔 담고 싶다

비의 노래

빗방울 모여
초록 잎 안으로 안으로

그래도
넘치지 않아요

다시 빗방울 쌓여
널따란 잎 속으로 속으로

맑게 고인 마음
차르르 차르르

연꽃 밭에
흘러넘치는 노래
둘이 둘이서

사랑빛으로

꽃잎 마다 뿜어내는
신비한 빛의 파장

다 풀어지면 보이는
그 깊음 속에

신기루 같은 순간이
흐른다

이 세상에 와
길지 않은 시간 머물지라도
고유 빛 담아
고요한 생을 피운다

단 한 번 사랑빛으로

이러저러한 세상
꽃 닮은 모양으로
머물다 가려는 심心 하나
그 곁에 오래 서성인다

2부

소라의 노래

이슬

이른 아침
나뭇잎 위
수정 같은 물방울

밤새 모은 마음
그려놓은 편지
동그란 맑음

방울 하나 마다
다 표현하지 못한
마음들이
모였다간 흩어진다

자작나무 숲

하얀 눈 속에 저마다
기다란 기다림을 키웠다

그 모습 따라가다
만난 아득한 하늘가

우듬지 끝에 걸어 놓은
마음속 바람들 들려주는 듯

소리로 가득해지는 숲
데리고 간 몸 눕고 귀 연다

자작이며 자작이노라

파도

가슴으로 밀려오는 파도
어떤 말을 담아주려는가

하얀 순수 전하려다
다시 뒷걸음하고 마는

그 소리 들으려
소라 귀 되어 다가가지만

벌써 저만치

모래알처럼 많은 이야기
파도에 실려간다

바다 깊숙이 잠겨
진주로 빚어지는 언어들

바람

저 먼 별
꿈빛등 바라보며
살아가야겠다

문文에 기울이는
시간 많이 깃들면
행복이겠다

여행 할 수 있는 날
손꼽아 기다리는 시간

꿈은
별처럼 빛난다

내 마음에
담은 그림 그리며
살고지고

소라의 노래

바다를
다 담았을까

수평선 저 끝에서부터
모래바람까지

비어 있는 몸
가득 채우는

소라를 만나러
파도를 탄다

귓가에 들려오는
끝없는 음률

생이 다하도록
담고 싶다

새처럼

아무도 다녀가지 않은
하얀 눈 위에 꽃잎도장

어느 새의
소망 닮은 모양
남겨 놓았나

새처럼 새 마음
그려 넣고 싶다

밤새 만들어 놓은
무한한 화판에
마음속 그림 맘껏 펼친다

닿을 수 없는 저 너머 영원까지
꿈 지도 따라 날개를 편다

그 바다

아득한 수평선
갈매기 하늘 위에
유유히 유선을 그린다

어릴 적 바다에서
보내곤 했던 그 날이 따라온다

갯벌 위에 선을 긋는
조그만 고동 따라 다니다

바구니 가득
파래가 가득해지면

어느새 저만큼
반짝이며 다가오는 물비늘

노을빛으로 출렁이는
파도를 이고 돌아오는 날마다
바다 꿈을 꾸었다

내 속에
깊이 스며있는
짙은 그리움

그곳에 가 마음 열고 싶다
초록 물 들고 싶다

빗방울

바깥 창으로
안에 모인 마음이
끝없이 흐릅니다

그치지 못하고
멈출 수 없는
시간이 지나갑니다

끝 간 데 없이 이어지는
생각 타래는

다시 길이 되고
빛이 되어가는 시간

허공에
빗방울이 바라던
원의原意라 씁니다

나무 마음

나무에 피어난 조그만 새순들
어느새 커다란 잎이 되었다

한 생 다하도록
늘 그 자리에서

하고 싶은 많은 말들이
잎이 되었을지도 모른다

나이테에 그려진 이야기
춤으로 전하는 걸까

새들 노래 바람소리 섞어
머언 데 향하여
마음 전하는 목심木心

빛 담아 더욱 눈부신
오월 초록이 출렁인다

개펄 위

이글거리는 태양도
아랑곳없다

온갖 생명을 품고 있는
뜨거운 개펄 위

철없이 뛰는 망둥이
생은 옆으로 가는 길이라는
게의 행진도

진흙 위에 삶
이 순간만큼은
더 깊고 뜨거워진다

아득한 수평선에서부터인가
달려오는 물길에
하루 해가 잠긴다

거침없이 깊은 바다를 펼치면
너비를 헤아리기조차 어려운
또 다른 세계

처음부터 다시 읽어야 한다

빗소리

빗소리 베개 삼아
눕는다

떨어지는 소리를 타고
건너가는 그곳

어릴 적 그날도 그랬다
처마 끝에서 내려오던 빗방울
바라보던 소녀

가슴 사이 나드는 시절로
잠시 세상 모든 이야기는
무음이 된다

비는 꽃잎이 되고
바람이 되어
그림을 그리고 있다

초록으로 가득한
숲 속에 잠겨
스며드는 소리

나무와 바람

나무는 바람 맞이하며
언어를 만든다

말없이 찾아왔다
그냥 가버리는 바람을
기다리지는 않는다

다만
그 마음
한없이 바라본다

세상 모든 이야기 품고 와
잎마다 널어놓는
여러 모양 색 향 가득한 그 심장

무겁지도 가볍지도 아니한
바람 소리 모아
우듬지는 하늘에 그렸다간 지우곤

생生이라는 나무木 한 그루
바람에 구름 가듯
그렇게 지나간다

무우림無憂林

어제처럼 또
초록 숲을 찾아간다

침묵하는 나무들이
고요한 길로 안내해 준다

바람처럼 일렁이는 마음
잠재우며 따라가는 시간

언제나 말없이 내어주는
너른 품에
그들처럼 서본다

오늘은
푸른빛으로 가득해져
내일을 환하게 그릴 수 있을까

걸음하는 걸음마다
바람을 신는다

장마

짙은 녹음은
다 어디로 가는가

무성한 초록잎 비를 입고
푸른 숲도 무겁게 젖었다

침묵 속에 아주 오래
빗소리와 함께
가볍지 아니한 생生이 흐른다

어제를 지나
오늘이라는 하루에 서서
내일은 어떻게 건너야 하는지

한 삶 동안 메고 가야 하는
노마드의 젖은 짐 속에
고여 있는 무거운 눈물
모두 가져가려는가

두물머리

아주 머언 옛날부터
한 곳을 향하여
끝없이 흐른 까닭입니다

그대를 만나기 위해
쉼 없이
여기로 달려왔습니다

한 평생
한 사랑 향해

끊임없이
다가가는 흐름의 시간

물과 빛
바람으로 내는
바람길입니다

밤비

아직도 전해야 할
마음 남아 있는 걸까

멈출 수 없는 말들이
깊어가는 밤 끝없이
창을 두두두 두드린다

어둠 속 나무 풀 연못 모두
말없이 빗물에 잠겨
어둔 마음이 더 젖어간다

창 안과 밖
거리는 얼마큼인가

비는 그렇게
경계를 허물며 찾아온다

지척으로, 더
다가서는 빗소리

허물

산책길에 만나는
매미 흔적에서
지난한 세월이 들려온다

어둠 속에 보낸
오랜 세월 지우는가

한 생 한 사랑 위해
뜨거운 계절 한 복판에서
한 세계를 탈출한다

날개 펴고 비상하여
시작하는 짧은 생

여름 한 가운데를 다 차지하며
몸과 마음 온통 울려 고백한다

세상에 없는 한 줄로
새겨주는 사랑의 말言

사아랑 사아랑

흐르다

정적 속에 들려오는
봇도랑 물소리

한 줄기
현이 되어 흐른다

소란스런 속진俗塵
툭툭 털어 실려 보낸다

가볍지 아니한 길에
잠시 머무는 동안

그와 동행하는 시간
물 위 빛으로

피어나는 윤슬 바라보며
고요히 살고 지고

3부

잠자리의 꿈

달빛

해넘이 지나는 자리
푸릇한 빛

아무도 없는 정원에
살포시 내려와

한낮 살았던
모든 이야기 기울이며

고요히 퍼뜨리는
빛의 날개

그림의 노래

소리 없는 빛 파장은
노래가 되어
가슴으로 밀려온다

네 안에 쌓여진
한 生의 열정과 꿈이 담긴
기인 생각의 길 이야기

네모 안에 다
그려 넣을 수 없을 테다

그 앞에 서성이며
다른 그림 그리며

너의 노래
내 가슴 오선지에
그려본다

가을 송가送歌

가을 햇살 눈부시다

가지마다 가득한 잎
어느 사이 물이 들었다

이제는 빛 담아
모두 보내야 할 시간

한 잎 두 잎 떨구며
바람과 함께
노래하고 춤춘다

슬픈 별리別離도
속으로 묵혀 시詩를 짓는
가을 노래

노란 은행잎

고요한 아침 햇살에
은행잎 더욱 빛난다

빈 가슴에 하나 가득
밀려오는 노란 색

흐르는 시간 잊은 채
앞으로만 내닫는
무심한 내게 보내진 빛 하나

나의 빈 가을은
어떤 빛으로
물들어 가야 하나

내 속 깊은 어디쯤에
그 빛깔 온통
들여놓고 싶다

붓의 스밈

여름은 오래 그곳에 남아
갈바람을 기다렸다

뜨거웠던 태양이 멀리 가고
쏟아붓던 빗줄기도 멈췄다

간단치 않은 시간 속에서도
나무는 속으로 잎마다 색을 입히고

봄 나라로 날아가려는 새처럼
나뭇잎마다 다가앉는 바람 안고

끝없이 펼쳐진 캔버스에
진귀한 물감을 풀어놓는
쉼 없는 붓의 스밈

허허로운 마음밭에
고이는 혼의 시간

곧 지고 만다 해도
여러 빛 띄우는 단풍잎은
그리움 담긴 그림이 된다

바람은

바람은 늘 혼자여서
달려가 부딪칩니다

산으로 가
나무를 만나면
파도소리 만들고

바다로 달려가
파도를 만나면
빗소리로 밀려옵니다

쉼 없는 날갯짓으로
그리는 바람의 바람
해독하기 어렵습니다

끊임없이 무언가 전하려 하는
그의 마음 따라가려니
한 세월이 흐릅니다

안개

요즈음 아침마다
안개가 자욱하다

밤새도록 지은
새벽 편지일까

어둠은 저만치 보내고
밝아오는 아침 숲에
무언가를 부려놓았다

전하려는 희부윰한 마음이
나무 사이 가득하다

다가서면
더 환해지는데
더 읽혀지지 않는 그림

잠자리의 꿈

나비는 꽃 위를 나르고
새들은 하늘을 가른다

그 사이 어디쯤
잠자리 세상이 있다

자분거리는 날갯짓에
반짝이는 햇살이 쌓여간다

바지랑대 끝에 자리하면
세상 모든 고요가 실린다

잠시 삶의 무게가
가벼워지는 순간

무한으로 날아가는 마음
두 날개에 그려진
꿈의 지도를 펼친다

호수처럼 맑고 깊이

티 없이 높은 하늘
끝이 없이 펼쳐있다

구름으로 그려놓았던
가슴속 얼룩은 바람으로 지운다

꿈같은 열매가 주렁지고
어느새 단풍이 지려하며
벌써 하얀 눈이 오련다는

어디서 시작되었는지
가늠할 수 없는 생生

순간마다 일렁이는
소란스런 마음속
가을빛에 내어 놓는다

호수처럼 맑고 깊이
하늘마음처럼 파랗게
고요히 물이 들도록

별리別離

창밖에
가을이 흐른다

핍진逼眞하고
유장悠長한 오후

저 멀리 하늘을 가르는
고요한 새의 날갯짓처럼

시간은 그렇게 소리 없이
저만치 앞서간다

머물고 싶은 순간은
아주 짧다는 것을
잎을 떨구며 나목裸木이 일러준다

가을은 벌써 별리別離 안고
마음보다 먼저 지나가고 있다

저녁 하늘

버스 안에서
우연히 바라본 창밖

초록 산에 걸쳐진 구름 위에
노을빛 가득 퍼져 있다

저 밖 풍경은
스쳐갈 뿐

여러 그림 그려놓은
그 많은 마음
어이하지도 못한 채

사라지는 시간조차
알지 못하는 순간 속에서

달리는 버스처럼
생生은 어딘가 홀로
스쳐가는 길일뿐

일기 예보

비 오고
햇살이 가득하며
눈 옵니다

때로는
천둥 번개 동반한
태풍도 지나갈 예정이지요

나침판 보며 뱃길 돌리듯
안내 따라 일상을 준비하는 사람들

우산 없어
비 피하지 못해도

바람 없어 순항이라는
날씨를 기다립니다

망원경 없이
미래 향해 닻 올린 항해

닫혀 있는 판도라 상자 깊이
기쁜 소식 쟁여있다는 예보
가끔 들려오겠지요

사막의 비가悲歌

사구 깊숙이 잠겨 있던
낙타의 아린 생이
바람 일면
먹먹한 단조로 번진다

지친 해녀의 갈라진
숨비소리 바다 위 퍼지듯

어둔 밤 내일을 기다리는
나그네 눈과 귀
가슴속 깊이 가득해지는
차디찬 비가悲歌

모래알 하나마다 새겨 있을
저마다의 쓸쓸한 생生

그 길 따라 그저 가는
맨발의 시간

끝없는 사막은

원래 삭막한 여정이었음을

화석化石이 되는 순간

고요를 얻고 날아가는
나비 날갯짓을 따라간다

쉼 없는 새들의 말
차곡차곡 마음에 그린다

냇가에 흐르는 선율이
가슴에 사연을 길어준다

저녁 어스름
빛으로 다가오는 노을에 물들어
하루를 건넌다

가볍지 아니한 삶에
젖은 슬픔이 고일 때마다

마음결에 퇴적되어 쌓여가는
아름다운 풍경이 있어
사막을 걸을 수도 있다

동행

노트북 켜며
초대합니다

갈색 커피 한 잔

곁에 흐르는 음악과
세상의 창을 열어봅니다

바깥에서 서성이는 마음
안으로 모아지는 시간입니다

조그만 잔에 담겨 있는
따스한 향 다가와
지난한 삶을 다독여줍니다

하루라는 징검돌을
무겁지 않게 건너갑니다

자신을 내주며
마음결마다 온기를 채워주는
따스한 친구입니다

4부

새벽 별

고도孤島

산에서 살던 산이
넓은 바다로 날아가
꿈처럼 섬이 되었다

바닷물 출렁일 때마다
기러기 높이 떠 지날 때마다
가슴속 날개 펴보지만

서로에게 더는
다가갈 수 없는 거리

바라보다가
기다리면서
저만치 보이는 것은

외로움이란 나무가
빼곡히 자라나는 섬 뿐

파도에 묻혀
뭍을 그리는 기다림이
점점 쌓여간다

유성流星

어두운 밤하늘
촘촘히 박혀있는 빛 송이

머언 곳에 있는 이들의
바람들 모두 모여
빛이 되는 걸까

꿈같이 스쳐가는
순간의 빛 하나

한 사람의 바람이
하나의 빛에 실리는 순간
별과의 비행은 꿈꾸며 가는 길

따스한 세상 열어주는
사랑 방정식

음악은

물결 이는 듯한 소리
내 곁에 흐릅니다

저 먼 곳에서 보내오는
알 수 없는 누군가의 마음결에
저절로 젖어듭니다

하얀 오선지에 저절로 그려지는 음표는
두 가슴을 이어주는 언어입니다

삶의 한 순간에 표표히 노닐며
꽃 비 낙엽 눈과 生을 담는
영원한 빛과 소리

귀에 담으니
바람에 실려갑니다

구름 위에 누웠습니다

어디에 깃들까

잠자리에 누우면
온갖 사념이
별처럼 쏟아진다

해 진 후
어둠 스미면
그들은 어디에 깃들까

엄마 찾는 고라니
지저귀던 새 무리
그르릉거리던 아기 고양이

가끔 외마디 보내는 산 속 꿩
고운 미소 보내온 그 꽃

내 곁을 찾아오는 바람은

어디서 긴 밤을 새우는지
생각 길에 줄 선다

우주를 짊어진 것처럼
시를 쓰는 것 같이
뒤척이는 까만 밤

모두 날개 접고
마음 펴 잠들면
내 마음 고요할 텐데

生이 걸어가는 거리

음악이 흐르는 카페에서
라떼를 안고
창밖을 바라본다

유리창 안에 흐르는
음률과 커피 향으로
마음이 잠시 멈춘다

저 밖 풍경은
무음인 채 바뀌어가는
영화의 스크린

흐르는 냇물 같이
빌딩 사이 달리는 자동차와 함께
총총 사라지고야 마는 표정들

어딘가로 가는 길
하나의 삶이 지나는 순간은
한 장 사진 속에 담긴다

스쳐가는 걸음마다
가볍지 아니한 생이
얽혀있다

울타리

겨울 다스한 날에
노래 부르며
울타리 엮는 아버지

거친 비바람
몰아치는 눈보라 맞서는
방패로 서주셨다

사랑과 희망을 동이며
주단紬緞으로 이끌어 주는
빛과 같은 분

이 세상이
따스한 이유는
당신이 만들어 주신
울타리 때문이지요

눈 온 아침

어느 화가가
밤새며 하얀 색으로
칠해 놓은 걸까

수없는 자연의 모양과 색
가슴 속 여러 생각들이
하나로 묻혀버렸다

덮음 속에 자리한
깊음 안에 진리들

새로이 나고 싶어
하얗에 다시 물들며
길을 내어본다

새벽 별

밤 지나 온 아침
하늘에 남아있는
별 하나

가슴엔 아직도
전하지 못한 말
쌓여 있는 걸까

긴 밤 보내며
야윈 생각의 길 펴지 못한 채
밤새 서성인 사람처럼

저 머언 곳에서
어렴풋한 빛으로
오는 이

깊고 넓은 시간이
별 자락으로 번져있다

겨울 연못

우듬지에 앉아
노래하던 새는
어디로 날아갔을까

대답 없는 연못을
기다리지 못했을까

눈과 얼음으로
마음을 닫고
동안거에 들어선 연못

지나는 걸음마다
묵직한 침묵을 달아 놓는다

그 세계 안에 숨 쉬는
두터운 뜻 찾으며

무심히 동면을 보내는
내 안을 바라본다

도시의 아침

빼곡한 빌딩 사이
아침 햇살이 가득하다

길 위로
또 하루가 시작된다

어디론가 달리는 자동차의 행진
벌레처럼 강을 건너는 기다란 기차

회색빛 거리로 쏟아져 나온
사람들은 모두 침묵 수행 길

테이크 아웃 커피 한 잔으로
차가운 가슴을 녹이는 걸까

앞을 향하는 걸음마다
차가운 바람만 따라온다

무심한 시선에
희망을 얹고 싶다

아무것도 모르는 양
햇볕만 따스하다

일기

잠인 듯 명상 하듯
깊은 동굴 동물처럼

깊숙이 혼자
긴 시간 홀로

시詩를 짓는다

내 빈 마음
네 진실에 닿으려

드넓은 세계로
상상 날개를 단다

끝이 보이지 않는
한없는 미지의 미로

어딘가에서
들려오는 커피 향

어제처럼 미완의 문장
여기저기 서성이누나

빌딩 숲

이 거리 저 도시 마다
높다랗게 자라나는
차디찬 네모 상자들 빼곡하다

모두 다른 사람처럼
서로 다른 모양으로 키운 고독이 자라
세워진 외로움 숲 같다

누군가 열어주어야
비로소 숨을 쉴 수 있는
닫힌 문의 소리 없는 외침이
사이사이를 메운다

너와 나의 속에 스며있는
햇살 뿜으며
함께 가야 하는 길

따뜻한 마음
찾아보며
다시 걷는다

고요와 무심

세상 소음 없는
겨울 한낮

고양이 졸음 속으로
고요와 무심이 흐른다

푸드득 자리를 터는
새의 날갯짓

처마 끝에서 떨어지는
고드름 울림마저
묻혀가는 시공

그 곁에 저절로
투명하게 스며져
보이지 않는 시간

고양이

우주 안 나고 지는 일
끝없이 화폭에 그려졌다간
어느새 모두 지워지고 만다

따스한 볕 따라
아기 고양이 물고 다니는
엄마 고양이

자연이 펼쳐 주는 품처럼
풀잎 사이에 누워
젖을 내어준다

한 폭의 그림
눈에서 금세 사라질지라도

마음속에 차오르는
기쁨과 환희의 신비

바글거리는 햇살 같이
사랑이 보글거리는 풍경화

그 옆 작은 이
어떤 그림으로
머물다 가야 하나

먹물 같은 어둠

창 열지 않아도
바깥에 서린 먹물 같은 어둠이
안으로 안으로 밀려온다

바위처럼 무겁고 깊은 침묵이
켜켜이 쌓여간다

나무와 꽃 새들의 정령은
무슨 꿈을 꿀까

빛과 함께 한
낮 시간을
그리고 있을까

밝아오는 새 날은
다를 수 있다는 바람 모아
씨실과 날실로 꿈을 엮을까

마음마다 다른 창에
무엇을 담아야 하는지

고요 속에 갖은 길이
여러 갈래로 뻗어간다

기찻길처럼 길어지는 밤
끝 이 없 이

마중

그토록 기다린
임 오시는 날

사슴 닮은 얼굴
창에 붙는 것처럼

기인 밤 까맣게 새우며
부르다가 기다리다

버선발로 뛰어나오는
고양이 한 마리

온 마음으로 달려가
허리 굽혀 안는다

동그란 눈에 가득한
넘치는 사랑으로
엎어지고 만다

나는 어느새
그 곁에
한 마리 고양이, 야아옹

어떤 길은

꽃잎과 새순이
빛과 함께 피어나는 날은
봄날의 축복이었다

하夏 시절 초록 위에
빗방울 또르르

너른 들의 풍요 안에
남은 시간 얼마 만큼인지

걸음을 세는 사이
어느새 겨울역

펼쳐진 설원에
어떤 나我를 만나
어떤 길道을
다시 그릴까

세밑에

저만치에 모여
무심히 서 있는 볏단처럼

어느새 한 해의 시간이
침묵으로 쌓여있다

달력에 남아 있는 숫자들이
차가운 바람에 흔들린다

썰물처럼 빠져나간 시간은
모두 어디로 가버렸나

눈보라 속 차가운 겨울
봄이라는 기적의 싹을 틔우면
이 동면冬眠이 따스해질까

5부

마음 사이

시작詩作은 시작始作

오늘도 어제처럼
하얀 창을 연다

생生이 무겁지 않게
새로 그리는 날 되기를 기도하며

바람결 따라 춤추는 잎사귀에
침묵을 얹고 나르는 나비 날개 위에

내 곁으로 왔다 말없이 사라지는
글자 모아 고요히 실어 본다

새가 높이 그리는 유선처럼
끊이지 않는 선율 꿈꾸지만

멀고 먼 그곳으로 가는 길은
바다처럼 깊고 넓고 신비한 나라

시작詩作은 시작始作일 뿐이어라

마침표 자리는 미로에 들어
나들지 못할지도

마음 사이

정해진 자리에 서서
한 생을 보내는 나무

새순 틔우고
낙엽 지는 동안

새들이 찾아와 지저귀며
구름도 잠시 흐르고
바람도 머물다 간다

비바람 눈보라
아랑곳없이

늘
그 자리여도
더 바람 없는 마음

다가가 하나 되지 않아도
마음 거리에 거리낌 없는

흙 같은 진실이
쌓여간다

사이마다
드나드는 보드라운 속 있어
다시 새싹을 틔우는 게지

늘 그 자리에서

음악을 켜고 노트북에
새 마음 그리는 아침

어제와 다른 날 맞이하는
이 순간 이어져
한 생生이라는 그림 그려질 테다

우주 안 작은 점으로
순간일 뿐인 삶
이 시공에 머무는 까닭이
문득 떠오르면 또 더 작아진다

창 밖 묵묵히 서 있는 나무 한 그루
말없이 한 생을 살다 가는가
늘 그 자리에서

어느 날 그곳이 빈자리가 되어도
아무 일 없듯이
그것은 한 여정일지니

그럼에도 고뇌의 줄 이으려
한 자 또 한 뼘 지어보는 숱한 밤

마우스

잰 걸음은
산 넘고 강 건너 바다로
멀고 먼 은하까지 건널 수 있다

원하는 곳마다
데려다주는 고단함 모른 채

반짝이는 눈은
세상을 밝히는 빛

길 잃은 이 위해
먼 길 돌고 또 돌아

밤 낮 가리고 않고
손 꼭 잡아 데려간다

안경 너머로
따라가는 길

네 마음 길은
내 가슴에 우주의 세계를
펼쳐준다

침묵의 소리

이른 아침
조그만 이슬방울

꽃잎에 담고 있는
깊은 미소

나뭇가지에 잠시
몸을 뉘는 바람이

가끔
침묵을 건넨다

소리보다 더한 울림
가슴 메울 때

고요히 들려오는
새 날갯짓 위에
그려놓은 투명한 시詩 한 줄

세상 끝에서 만난
환희의 순간

더 바람 없어라

참빛

마음에 들어온
빛 고요 담아
가지런한 시간

씨실 날실 가져다
온 힘 다해 참사랑 빚어온
긴 세월이 나란하다

따스한 빛으로 엮어
빗살처럼 성기고

가슴속까지 비춰주는
영근 언어 모아놓은

결 고운 집에 담긴
여인女人의 세월 이야기가 들려온다

새해 아침

창을 열며 마음 안으로
바깥 우주를 들입니다

하얀 눈 위에 새 길을 내는
조그마한 새
소망 그린 도장을 꾹꾹
남겨 놓았습니다

내 가슴 열어
쟁여두었던 꿈
새처럼 그려봅니다

詩를 안고

마음 창으로 들어온 순간
꿈길 이야기 안고

저녁 어스름에 찾아온
노을 곁을 서성이다 잠든 밤

동이 트는 줄 모르다
맞이한 희부윰한 새벽

너의 말 모두 담을 수 있을까
가까이 다가갈수록
멀어지는 네 모양

머언 곳에서 전해오는
그리운 이야기는
언제나 못갖춘마디

미완일 수밖에 없는
간절한 고백은
무언으로 메꾸어지기를

네비게이션

처음 가는 길
혼자인 옆에
동행 AI

과한 친절은 소란하나
길이 훤해진다

내칠 수도
줄곧 함께할 수도
버거운 일이나
더불어 가는 길

생生은 가끔 쉬워져
단순하게 펼쳐진
시간을 달릴 때도 있다

마음 햇살

저 깊은 속
차가운 응달까지
따라왔다

따스해서 안고 싶은
봄볕 한 줄기

얼음장 아래로
시냇물 소리 흐른다

마음밭 온기로
새싹 내미는 날 기다리며

어둠 속에 켜켜이 쌓여있던
지난한 시간들을 덮어본다

세상을 다시 그려보는
다사로운 시간

생각의 지도

그 안 시간은
시냇물처럼
쉼 없이 흐른다

경계 없는 동행

어떤 모양으로
가야 하는가

꿈을 꾸며
길 없는 길
만들다 지우다

지구별 안에 그려진 길 따라가다
마음속 지도는
모든 길을 바꾸어 놓았다

흔들림

우듬지 작은 떨림
살아있다는 몸짓
걸음 멈출 수밖에

흔들리며 한 생 이어지듯
나뭇가지 바람 따라
곁을 향해 그만의 언어를 전한다

천 가지 심心 씨줄과
만 모양 목심木心 날줄로 이어
성긴 망 꿰매며

바람 불어도
너는 언제나 그 자리
다시 다가가 귀 연다

우주선

저 먼 하늘에
우주선 쏘아올려요

별에게
마음 실어
보내요

멀리서 온
꿈 맞이하는
별 하나

우주 여는 열쇠
사랑 담은 언어

핸드백의 바람

혼자서는 갈 수 없는 길
온 몸 세포 촉 세워
바깥을 바라보는 시선은
방안에 갇혀서도 달려 나간다

무언의 시위는
무력한 몸짓일 뿐

타인의 손으로 열어주어야
새로운 세계가 열린다는 것은
함무라비 법전의 절대 권력

문이 열리는 날
비로소 날개를 펼 수 있을까

늘 창 밖 풍경에 허기진 심장
꿈은 다시 가슴에 새겨 넣어야 하는
시간 안에 갇힌다

경계를 허물며
자유가 빛으로 퍼덕여야 한다

USB

내 모든 것을
무작정 다 주고 말았다

어쩌면 어느 사이
나의 아바타
아니면 낯선 AI라는 존재가
되었을지도 모른다

매일 네게 주는
내 속 마음들은
어디에 어떻게
어떤 모양으로 입력이 되어갈까

시와 수필을 짓고
하루 이야기 몽땅
내가 향하는 곳을 담은 영혼이
모여 사는 곳

이제 나는 다시
나를 알고 싶어
너를 열고 있다

커피 타임

지구를 몇 바퀴나
다녀온 것일까

따스한 온기와
향을 지닌 찻잔은
보글거리는 이야기로 넘친다

아득해서 다가가기 어려웠던
네 가슴과 내 속이 닿으면
마음 오가는 지도에
사랑 길이 트인다

그곳에
꽃이 피어나고
별이 떠서 흘러가는 시간이
쌓여간다

끝이 없는
우리의 시간은
한 곳으로 고인다

닿을 수 없어도

빛으로 가득한 밤하늘
별을 바라보며 꿈을 꾼다

새 날 맞이하면
어딘가로 향하는 생生

간단치 않은 날 건너가는 동안
사람과 사람 사이 놓인 길
사랑이라 여기며

닿을 수 없어도
기나긴 겨울 지나 봄날 있듯

가슴속 꽃 피우는
꿈 하나 꿈꾸는 길

평설

늘 그 자리, 더 바람 없는 사랑의 마음
— 박선숙 시인의 시세계

| 평설 |

늘 그 자리, 더 바람 없는 사랑의 마음
— 박선숙 시인의 시세계

유 성 호
(문학평론가, 한양대학교 인문대학장)

1. 회감回感의 원리와 사랑의 의지를 결속해가는 세계

서정시는 시인 스스로 가지고 있는 남다른 기억을 복원하고 항구화하려는 보편적 욕망의 언어예술이다. 한 사람의 기억을 되살리고 나아가 그것을 현재형의 존재조건으로 기록해온 서정시는, 그 점에서 삶의 고정된 표지標識를 그때그때 위반하면서 새로운 질서를 구축해간 역사를 가지고 있다. 이는 서정시의 위의威儀를 회복하려는 고전적 열망과 닿아 있는 지향이기도 할 터인데, 박선숙 시인의 시편들은 이처럼 각별한 기억을 재현하고 상상을 펼쳐가는 과정에서 그 심미적 빛을 뿌린다. 그의 시는 기억을 되살리는 과정에서 우리에게 속 깊은 고백과 감동을 전해주는데, 그야말로 시인 자신의 삶을 탐색하고 성찰하는 고백적 속성을 강하게 띠면서 대상을 향한 지극한 마음을 담고 있다 할 것이다. 그만큼 시인은 강렬한 기억과 성찰을 통해 삶을 탐색해가는 정서적 과정을 겪음으로써 고유한 사랑의 시학을 완성해가는 전형적인 서정시인이다.

서정시의 가장 근원적인 창작 동기가 자기 탐색에 놓여 있다는 점을 감안한다면 이러한 그의 시편들은 수많은 타자들로 권역을 확장해가면서도 속속들이 자신의 삶으로 귀환하는 서정적 일관성을 보여준다. 또한 개인의 경험에 함몰되지 않고 타자들의 삶에도 넓고 깊은 관심을 보이는 특징을 지닌다. 자신의 지향과 현실 사이에 존재하는 불화와 갈등을 환기하면서도 강렬한 빛으로 그것들을 통합하고 나아가 타자들의 생을 복원하는 데 매진해간다. 그렇게 박선숙 시인은 삶 가운데 어김없이 존재하는 기억에 대해 한없이 열린 자세를 보여주면서 개별성과 보편성을 결합시켜간다. 스스로 겪어온 시공간의 경험에서 오롯한 언어를 생성시킨 후, 그것을 통해 회감回感의 원리와 사랑의 의지를 결속해가는 것이다. 그럼으로써 그는 서정시의 궁극적 가치를 수일秀逸하게 실현해간다. 이제 그 세계 안으로 한 걸음씩 들어가 보도록 하자.

2. 은은하고도 역동적인 순간적 진실의 암시

우리는 서정시를 통해 현실에서는 불가능한 존재 전환을 꿈꾸곤 한다. 일상적이고 물리적인 현실을 벗어나 전혀 다른 곳으로 상상적 이동을 하게 되는 것이다. 그 순간 이루어지는 경험은 사물에게로 원심적 확장을 했다가 다시 자신에게로 구심적 응축을 하는 과정을 밟는다. 박선숙 시인은 서정시의 이러한 이중 속성, 곧 타자들로의 확산과 자신으로의 회귀를 동시에 꿈꾸어간다. 그래서 그에게는 자기 탐구 못지 않게 삶이 구비해야 하는 정신적 태도에 대해 노래한 시편이 많다. 근원적으로 말해, 서정시의 본래적 기능은 삶에 대한 태도를 일인칭 직접 발화를 통해 드러내는 정직성과 연루되는 것이 아니겠는가. 그 점에서 자연 사물을 통한 존재론적 깨달음의 영역은 박선숙 시의 중요한 고갱이가 되고도 남음이 있다. 다음 작품을 먼저 읽어보자.

어두운 밤하늘
촘촘히 박혀있는 빛 송이

머언 곳에 있는 이들의
바람들 모두 모여

빛이 되는 걸까

꿈같이 스쳐가는
순간의 빛 하나

한 사람의 바람이
하나의 빛에 실리는 순간
별과의 비행은 꿈꾸며 가는 길

따스한 세상 열어주는
사랑 방정식

— 「유성流星」 전문

'유성'이란 암석이나 금속 물질의 입자나 조각이 지구 대기로 진입하여 떨어지는 천체를 말하며 우리말로는 '별똥별'이라고 하기도 한다. 시인은 어두운 밤하늘을 가득 채운 별들을 "촘촘히 박혀있는 빛 송이"라고 묘사한다. 먼 곳에 있는 별들의 소망이 모두 모여 빛을 이룬다고 상상한 시인은 "꿈같이 스쳐가는/순간의 빛 하나"를 호명해본다. 그것은 어쩌면 한 사람의 바람이 하나의 빛에 실리는 순간일지도 모른다. 그렇게 지구로 들어온 유성과 함께 시인은 "꿈꾸며 가는 길"에 나서면서 그 자체로 "따스한 세상 열어주는/사랑 방정식"을 구축해가는 것이다. 나아가 시인은 "저 머언 곳에서/어렴풋한 빛으로"(「새벽 별」) 존재하는 별들을 한껏 동경하면서 "이제는 빛 담아/모두 보내야 할 시간"(「가을 送歌」)을 상상해본다. 머나먼 것을 꿈꾸고 염원하는 시인의 마음이 그야말로 아득한 '사랑 방정식'으로 다가오는 가편佳篇이 아닐 수 없다. 다음은 어떠한가.

이른 아침
나뭇잎 위
수정 같은 물방울

밤새 모은 마음
그려놓은 편지
동그란 맑음

방울 하나마다
다 표현하지 못한
마음들이
모였다간 흩어진다

—「이슬」 전문

이번에는 지상의 가장 맑은 표상 가운데 하나인 '이슬'을 택하였다. 이슬은 "이른 아침/나뭇잎 위/수정 같은 물방울"로 묘사된다. 나뭇잎과 수정이 합주하는 자연 심상이 선명하게 다가온다. 그리고 그 물방울은 "밤새 모은 마음/그려놓은 편지"이기도 하고, 동그란 맑음으로 이루 다 표현하지 못한 마음들을 담고 있기도 하다. 하지만 이슬이 결국 사라지듯이 그 마음들도 어느새 흩어지고 만다. 그러니 이 시편은 순간적 현존을 통해 가장 아름다운 맑음을 보여주는 이슬에 대한 미적 동경과 흠모를 전면화한 결실인 셈이다. 그러한 자연 친화의 감각은 "모래알 하나마다 새겨 있을/저마다의 쓸쓸한 生"(「사막의 비가悲歌」)이라든지 "바다 깊숙이 잠겨/진주로 빚어지는 언어들"(「파도」) 같은 명명에도 다양하게 들어차 있다. 박선숙 시의 가장 표본이 되는 묘사 지향의 언어가 아름답게 구현된 세계라 할 것이다.

이처럼 박선숙의 시는 자연 사물을 통한 존재론적 깨달음의 요체를 노래하고 있다. 물론 인간의 언어는 사물의 본질을 직접 지칭할 수 없다. 언어는 우리가 본질이라고 부르는 것으로 다가서지 못하고 그 주위를 힘겹게 맴돌고 서성이는 안간힘을 보여줄 뿐이다. 그 영속적 미끄러짐과 안간힘이야말로 언어가 가지는 숙명이 아닐 것인가? 박선숙의 언어 역시 대상의 외연적 의미를 직접적으로 '적시摘示'하지 않고 대상의 내포적 의미를 간접적으로 '암시暗示'함으로써 사물의 본질에 접근하고 있다. 자연 사물에 대한 신선한 묘사를 통해 은은하고도 역동적인 순간적 진실을 암시하고 있는 셈이다. 그 또한 서정시가 수행하는 중요한 일일 것이다.

3. 존재론적 기원에 대한 그리움

그런가 하면 박선숙 시인은 오랜 시간 속에 잠겨 있던 자신의 존재론적 기원起源을 찾아 들어가는 모습을 한결같이 보여준다. 이는 서정시가 근본적으로 시간에 대한 경험 형식으로 쓰이고 읽히는 예술이라는 점에서 자연스러운 결과일 것이다. 당연히 그의 시는 이러한 시간 의식을 향하고 있는데, 가장 먼저 눈에 들어오는 것이 존재론적 기원들의 언표 과정이다. 특별히 '아버지'는 그러한 기억을 낳게 하는 가장 깊은 수원水源으로 등장하고 있다. 부재를 통해 현존하시는 아버지의 모습은 시인에게 때로는 흐릿하고 때로는 선명하게 삶의 전경前景으로 다가오고 있다. 시인의 자기 기원을 탐색한 결실이라는 점에서, 이 작품들은 그의 시 밑바닥에서 울려나오는 "내 속에/깊이 스며있는/짙은 그리움"(「그 바다」)을 담고 있다 할 것이다.

겨울 다스한 날에
노래 부르며
울타리 엮는 아버지

거친 비바람

몰아치는 눈보라 맞서는
방패로 서주셨다

사랑과 희망을 동이며
주단紬緞으로 이끌어 주는
빛과 같은 분

이 세상이
따스한 이유는
당신이 만들어 주신
울타리 때문이지요

—「울타리」 전문

박선숙 시인은 아버지께서 "겨울 다스한 날에/노래 부르며/울타리"를 엮던 시절을 떠올려본다. 다소 낭만적인 이 장면에서 우리는 아버지께서 시인으로 하여금 "거친 비바람/몰아치는 눈보라"에 맞서게끔 해주신 방패이셨음을 알아가게 된다. 시인의 인생을 사랑과 희망으로 안내한 "빛과 같은 분"이셨던 것이다. 그분이 만들어주신 울타리로 하여 이 세상은 따스해졌고, 그것은 시인의 든든한 삶의 지반이 되어주었다. 나아가 그 울타리는 "끝이 보이지 않는/한없는 미지의 미로"(「일기」)를 걸을 때 확연한 지남指南이 되기도 했을 것이다. 아버지에 대한 이러한 아련한 기억은 "잠시 삶의 무게가/가벼워지는 순간"(「잠자리의 꿈」)을 시인에게 허락해주었을 것이다.

자전거 뒤에
고운 신 달고
달려오시던 아버지

그 먼 길
마다 않는 마음 하나

당신의 이름은
사랑입니다

꽃신은
생生
화로火爐가 되어줍니다

—「꽃신」 전문

이번에는 아버지에 대한 회상 과정에 "자전거 뒤에/고운 신"이 따라왔다. 아버지는 언제나 자전거 뒤에 꽃신을 달고 달려오셨는데, 시인은 "그 먼 길/마다 않는 마음" 하나만으로도 아버지 이름이 '사랑'일 것이라고 힘주어 고백하고 있다. 자연스럽게 아버지가 가져

다준 "꽃신은/온 생生/화로火爐"로 몸을 바꾸는 것이다. 그리고 그 따뜻한 이미지는 "오직 한 사랑이 다인 듯/온 마음으로/붉게 피우는 한 생"(「동백」)이나 "세상을 다시 그려보는/다사로운 시간"(「마음 햇살」) 등으로 한없이 아름답게 번져가게 된다.

이처럼 박선숙 시인은 '아버지'에 대한 기억을 '울타리'나 '꽃신' 같은 구체적 심상으로 수행하고 있다. 먼 나날들을 절실하게 기억하면서 자기 충족적 공간에 아버지의 온기를 불러들인다. 당연히 이러한 기원에 대한 회상에는 타자의 무의식이 들어설 틈이 생겨나지 않는다. 그러나 그렇게 기원을 탐색하고 영혼의 파문을 마련해가는 시인의 언어는 자기 충족을 어느새 넘어 아버지의 따듯한 삶으로 언어의 중심을 옮겨간다. 그분은 누군가의 아버지이기 이전에 따듯한 삶을 꾸려온 우리 시대의 빛줄기이셨기 때문이다. 이렇게 아버지의 삶에 대한 통찰을 구축해가는 박선숙 시인은 구체적 실감을 통해 존재자들의 컨텍스트를 재현해가는 서정시인이기도 한 것이다. 이 또한 몸에 새겨진 존재론적 기원에 대한 그리움을 새삼 언표해가는 서정시의 오롯한 순간일 것이다.

4. 선명한 감각으로 재현되는 사랑의 마음

또한 박선숙 시인은 대상을 향한 각별한 사랑의 마음을 담은 진중한 고백록을 이어간다. 그 점에서 이번 시집은 가득히 밀려오는 사랑의 충동과 애잔함을 심미적으로 그려낸 화폭이기도 하다. 그는 시집 전체를 관철하는 힘이자 존재방식으로서 사랑의 마음을 상정하고 그것을 일관되게 미학적으로 완성해낸다. 그만큼 시인은 지나온 시간에 대한 기억의 현상학에 의해 사랑의 마음을 구현하면서, 그것을 자신의 유일한 존재증명의 순간으로 환치하는 기억술記憶術을 보여준다. 이는 현실의 시간에서 벗어나 '시적 시간'으로 귀환하려는 의지가 반영된 결과이기도 할 것이다. 그가 여전히 외따로 떨어진 대상과 연관성의 파동을 경험하는 것은 바로 이러한 기억술의 매개 때문일 것이다. 시인은 그렇게 오랜 시간 속에 깃들인 기억을 순간적으로 재현하면서 그 속에서 삶의 깊디깊은 사랑법을 노래하고 있다.

정해진 자리에 서서
한 생을 보내는 나무

새순 틔우고
낙엽 지는 동안

새들이 찾아와 지저귀다
구름도 잠시 흐르고
바람도 머물다 간다

비바람 눈보라
아랑곳없이

늘
그 자리여도
더 바람 없는 마음

다가가 하나 되지 않아도
마음 거리에 거리낌 없는
흙 같은 진실이
쌓여간다

사이마다
드나드는 보드라운 속 있어
다시 새싹을 틔우는 게지

— 「마음 사이」 전문

시인의 혜안은 인간의 '마음 사이'를 관통한다. '마음 사이'에는 보이지 않는 진실이 깃들여 있다. 정해진 자리에 서서 일생을 보내는 '나무'는 새순을 틔우고 낙엽을 떨구는 동안 새와 구름과 바람을 잠시 맞이할 뿐이다. 비바람이나 눈보라나 아랑곳없이 그 자리에 서서 "더 바람 없는 마음"을 가지고 살아가는 것이다. 그러니 나무에게는 마음 거리에 거리낌 없는 진실이 쌓여갈 뿐이다. 그 마음 사이마다 드나드는 보드라운 속의 힘으로 나무는 다시 새싹을 틔워갈 것이다. 가령 나무의 이 견결하고 단호한 삶은 마음 사이마다 드나드는 부드러운 사물들의 교통이 있었기 때문에 가능했을 것이다. 그 꿋꿋하고 일관된 삶의 태도를 일러 시인은 '마음 사이'를 채워가는 사랑의 힘이라고 본 것일 터이다. 그렇게 시인은 "마음에 들어온/빛 고요 담아/가지런한 시간"(「참빛」)을 통해 "그 안에/고이 들어 있는/맑은 마음 하나"(「꽈리」)를 응시하고 있는 것이다.

아무도 다녀가지 않은
하얀 눈 위에 꽃잎도장

어느 새의
소망 닮은 모양
남겨 놓았나

새처럼 새 마음
그려 넣고 싶다

밤새 만들어 놓은
무한한 화판에
마음속 그림 맘껏 펼친다

닿을 수 없는 저 너머 영원까지
꿈 지도 따라 날개를 편다

—「새처럼」 전문

이제 시인의 시선은 '나무'를 지나 '새'에 이른다. 시인은 어느 순간 "아무도 다녀가지 않은/하얀 눈 위에 꽃잎도장"을 바라본다. 그것은 "어느 새의/소망 닮은 모양"이었다. 그 모양에서 환기된 감동으로 시인은 "새처럼 새 마음/그려 넣고" 싶다고 고백한다. 그 '마음 그림'은 아마도 밤새 만들어 놓은 무한한 화판에 마음껏 펼쳐져갈 것이다. 그렇게 "닿을 수 없는 저 너머 영원까지" 새처럼 날개를 펴고 날아가고 싶은 시인의 마음은 바로 삶을 향한 사랑의 마음이기도 할 것이다. "동그란 눈에 가득한/넘치는 사랑으로"(「마중」) 날아가는 새의 형상은 그 자체로 "세상에 없는 한 줄로/새겨주는 사랑의 말"(「허물」)을 선사하는 표상일 것이니까 말이다.

이처럼 박선숙의 시는 단아하고 고전적인, 그러나 그 바탕에는 생명의 형식을 상상적으로 표현하는 역동적 이미지들을 품고 있다. 그 이미지들이 파동치는 순간, 시인은 자신을 둘러싼 사물들을 지속적으로 호출하면서 그것이 얼마나 탄력 있고 선명한 마음으로 재현 가능한지를 섬세하게 보여준다. 그의 시는 그러한 마음의 첨예한 범례로 우리에게 다가오면서 예술과 생명이 모두 궁극적으로는 사물의 움직이는 말을 상상적으로 완성해가는 실체임을 증언하고 있다. 그럼으로써 그는 이 모든 것이 사물과 소통하고 그것을 선명한 감각으로 재현되는 마음에서 발원하는 것임을 보여준다. 시간의 흐름에서 포착하는 '사랑의 마음'이 바로 그것일 터이다.

5. '시'를 향한 첨예한 예술적 자의식

다음으로 우리는 박선숙 시인의 첨예한 예술적 자의식을 만나보게 된다. 그것은 시인으로서 가지는 예술정신의 표현 과정일 것이다. 아닌 게 아니라 박선숙 시의 미학은 삶에 대한 단순한 재현이 아니라 현재 시인을 가능하게 했던 원천적인 힘에 대한 구성 의지에 의해 선택되고 있다. 그 점에서 시인이 구성하는 기억은 지금 자신이 살아가는 가장 아름다운 어떤 원형에 대한 그리움에서 생성되는 것이다. 특별히 그가 써가는 '시詩'는 지상의 원리에 충실하면서도 한켠에서는 애잔한 옛 기억을 복원해가는 꿈을 잃지 않고 있다는 점에서 아름답고 애잔하기만 하다. 그리고 그 행위를 가능하게 해주는 것은 시인 스스로의 '시쓰기'에 관한 자의식일 것이다. 박선숙 시인은 '시'에 대한 자의식을 통해 '시'라는 양식에 대한 메타적

사유를 보여준다. 말할 것도 없이 '시'는 언어를 통해 언어를 지워가고 언어를 우회하여 언어에 가닿는 역설적 예술이다. 또한 '시인'이란 언어 감각으로 충일한 사람이라는 규정을 뛰어넘어, 언어를 찾아 궁극에는 사물 속에서 언어를 발견하는 존재로 나아간다. 박선숙 시인이 생각하는 '시' 혹은 '시인'의 존재론도 그러한 의미에 가닿고 있는 것이다.

어둠 속에 싹을 틔워
대를 올리고
한 송이 피우기까지

봄 여름 가을 겨울 다 지나도록
비 바람 눈보라 맞이하고 보내며
오직 한 마음 지키려는 고심苦心

한 생각 틔우려
들판을 홀로 가로지르고

마음속에 품은 바람 같이
보라 닮은 신비 꽃 피우려
가슴속을 그렸다 지웠다

빛 닮은 희원 피울 수 있을까
먼 별 빛에 기도하는 이

우주 안 꽃 피듯
마음속 글꽃 그려지는 날
기다리고 기다리며 사노라네

마음 지도 안
슬픔道 행복道 따라가며

— 「시와 꽃」 전문

시인은 '시=꽃'의 등가적 형상을 노래해간다. 어둠 속에서 싹을 틔우고 대를 올리고 꽃을 피우는 과정은 봄 여름 가을 겨울 다 지나도록 비바람 맞고 눈보라 맞이하는 시간을 필요로 했을 것이다. 그렇게 오직 한 마음 지키려는 과정이 '꽃'의 생애이다. 그런가 하면 한 생각 틔우려고 들판을 가로지르고 마음속에 바람처럼 품은 신비 꽃 피우려 가슴속을 그렸다 지웠다 하는 것은 '시'의 생애일 것이다. 그렇게 빛을 닮은 희원을 피우려고 '꽃'과 '시'는 먼 별 빛에 기도하는 이의 눈에 한꺼번에 들어온다. 우주 안에 꽃이 피듯 마음속에는 시가 그려지는 것이다. 그리고 그날 마음 지도 안에 그려질 슬픔과 행복의 순간이 바로 시인이 그리는 서정시의 존재론일 것이다. 그러니 시인이 꿈꾸는 것은 궁극적으로 "고요히 들려오는/새 날갯짓 위에/그려놓은 투명한 시詩 한 줄"(「침묵의 소리」)이고 "머언 곳에서 전해오는/그리운 이야기"(「詩를 안고」)이며 "허허로운 마음밭에/고이는 혼의 시간"(「호수처럼 맑고 깊이」)인 셈이다. 이 모든 것이 '시'를 향한 시인의 자의식이 길러온 것이다.

물결 이는 듯한 소리
내 곁에 흐릅니다

저 먼 곳에서 보내오는
알 수 없는 누군가의 마음결에
저절로 젖어듭니다

하얀 오선지에 저절로 그려지는 음표는
두 가슴을 이어주는 언어입니다

삶의 한 순간에 표표히 노닐며
꽃 비 낙엽 눈 생生을 담는
영원한 빛과 소리

귀에 담으니
바람에 실려갑니다

구름 위에 누웠습니다

— 「음악은」 전문

이제 시인은 '음악'으로 건너왔다. 물결 이는 듯한 소리가 들리고 먼 곳에서 보내오는 누군가의 마음결이 만져진다. "하얀 오선지에 저절로 그려지는 음표"는 떨어져 있는 두 가슴을 이어주는 언어로 등극한다. 그렇게 "귓가에 들려오는/끝없는 음률"(「소라의 노래」)은 삶의 한순간을 담아내는 "영원한 빛과 소리"로 찾아온다. '음악'은 '시'와 함께 그런 일을 한다. 그것들을 통해 '시인 박선숙'은 궁극적으로 "그대에게 가는/고요한 시간"(「창 밖」)을 누리고 "다시 길이 되고/빛이 되어가는 시간"(「빗방울」)을 사유하게 되는 것이다. 누군가 모든 예술은 음악의 상태를 동경한다고 했는데, 박선숙 시편들도 음악을 향해 나아가는 속성을 지니고 있다 할 것이다.

근원적으로 서정시는 현실과 꿈 사이의 긴장 속에서 발화된다. 그 점에서 낱낱 시편 안에서 이성에 의해 파악되는 현실이나 감정에 의해 감싸인 몽상은 인간의 정서를 단면적으로 반영한 것일 수밖에 없다. 따라서 서정시는 현실을 순간적으로 재현하면서도 그것을 안아들이고 치유할 수 있는 상상적 세계를 마련하여 현실과 상상의 접점을 풍요롭게 언표하게 마련이다. 자연스럽게 그것은 우리를 둘러싼 불모의 현실과 그것을 견디고 치유하려는 꿈 사이의 긴장에서 발원하는 신생의 기록으로서, 삶의 불모성과 싸우면서 그것을 회복하고 치유하려는 열망에 의해 완성되어간다. 박선숙 시인이 상상하고 써가는 '시'가 바로 그러한 존재론적 기반 위에 서 있는데, 시인은 '시'와 '음악'을 향한 예술적 자의식으로 근원에 대한 섬세한 촉수를 드리워간다. 이때 우리는 삶의 구체 속에서 빚어진 상처와 어둠을 예민하게 들려주는 감각과 만나면서, 서정시의 오랜 본령인 경험적 실감의 중요한 사례를 접하게 된다. 그의 시편이 예술 그 자체에 대한 은유가 될 수 있는 소이所以가 여기에 있을 것이다.

6. 삶의 심연을 비추는 독자적 미학

우리가 천천히 읽어왔듯이, 박선숙의 시는 시인 자신의 존재론적 기원과 삶의 슬픔 그럼에도 불구하고 지속되어야 할 삶의 실존적 의지에 대해 노래한 미학적 축도縮圖이다. 그것은 아프게 통과해온 시간들에 대한 재현과 치유의 기록이자, 지상의 존재자들을 향한 지극한 사랑의 마음을 토로하고 앞으로 펼쳐질 삶에 대한 가없는 실존적 의지를 담은 고백록이기도 할 것이다. 그렇게 시인은 자신의 기원과 사랑의 탐색을 통해 견고하고 아름다운 마음에 가닿고 있는 것이다. 그래서 이번 시집은 그 스스로에게는 중요한 성찰의

계기가 될 것이고, 우리에게는 진정성 있는 주체가 들려주는 자기 탐색의 목소리로 다가오게 될 것이다.

결국 박선숙은 서정시가 완성해가야 할 몫 가운데 가장 중요한 것이 사라져가는 것들의 흔적과 가치에 대한 상상적 탈환에 있다고 믿는 시인이다. 물신화와 평균화가 범람하고 중요한 가치들이 움츠러드는 시대에 저항하면서, 잊혀진 풍경을 살려내고 거기에 참다운 기억의 선도鮮度를 입혀가는 것이야말로 서정시가 담당해야 할 중요한 기능이라는 점에서도 그의 시는 재귀再歸의 원리에 의존하는 아름다운 세계로 남을 것이다. 시인은 자신의 몸과 마음에 머물러 있는 강렬한 빛으로 삶의 심연을 비추는 독자적 미학을 구축해간 것이다. 늘 그 자리에 있으면서도, 바람 없는 사랑의 마음을 담아낸 이번 시집의 출간을 마음 깊이 축하드리면서, 앞으로도 우리 서정시의 미학적 확장과 심화를 위해 보폭 고른 큰 걸음으로 시인의 언어가 새로운 진경進境으로 나아가게 되기를 희원해마지 않는다.

영원한 빛과 소리

박선숙 시집

인쇄 2024년 3월 10일
발행 2024년 3월 15일

지은이 박선숙
발행인 서정환
펴낸곳 수필과비평사
주소 서울시 종로구 삼일대로 32길 36(익선동 30-6 운현신화타워) 305호
전화 (02) 3675-3885, (063) 275-4000 · 0484
팩스 (02) 3675-2985
이메일 sina321@hanmail.net essay321@hanmail.net
출판등록 제300-2013-133호
인쇄 · 제본 신아출판사

ISBN 979-11-5933-524-2 03810

값 12,000원